INGA PFANNEBECKER

INDISCH VEGETARISCH

FOTOGRAFIE: KATRIN WINNER, AUEN60

INHALT

Öffnen Sie die Klappen dieses Buches.
Dort finden Sie die wichtigsten Infos zum Thema auf einen Blick!

DAS PRINZIP: INDISCH VEGETARISCH

DIE PERFEKTE KOMBI

Immer griffbereit:

SO GEHT'S: AROMAWUNDER

Immer griffbereit:

SO GEHT'S: HÜLSENFRÜCHTE ZUBEREITEN

GU **CLOU**

Wussten Sie schon, dass …?
Entdecken Sie bei einigen ausgewählten Rezepten ganz besondere Tipps mit verblüffendem Insiderwissen. Aha-Momente garantiert!

Mit diesem Symbol sind alle veganen Gerichte gekennzeichnet.

Die Backzeiten können je nach Herd variieren. Unsere Temperaturangaben beziehen sich auf das Backen im Elektroherd mit Ober- und Unterhitze.

Sammeln Ihrer Lieblingsrezepte mit der »GU Kochen Plus«-App (siehe S. 64)

REZEPTKAPITEL

06 SNACKS, SALATE & MEHR

24 CURRYS, DALS & CO.

46 BEILAGEN, SAUCEN & CHUTNEYS

04 DIE AUTORIN
05 DAS 5-ZUTATEN-REZEPT: MANGO-LASSI
42 COVERREZEPT
60 REGISTER, ABKÜRZUNGSVERZEICHNIS
62 IMPRESSUM, LESERSERVICE, GARANTIE

INGA PFANNEBECKER

Kaum eine Küche hat Vegetariern mehr zu bieten als die indische! Das Verblüffende: Mit ein paar exotischen Gewürzen entstehen dabei aus alltäglichen Zutaten wie Kartoffeln oder Linsen wahre Aromawunder. Das überzeugt alle, die immer oder immer öfter auf »veggie« setzen.

Was macht die indische Küche so interessant für Vegetarier?

In Indien ist vegetarisch essen die Norm, nicht die Ausnahme. Denn die absolute Mehrheit der Bevölkerung isst vegetarisch. Kein Wunder, dass es eine unglaubliche Fülle an Veggie-Gerichten für jeden Geschmack gibt. Da vegetarische Küche auf dem Subkontinent Tradition hat, ist sie meist auch in Sachen Nährwerte optimal zusammengestellt.

Ist indisch kochen nicht ungeheuer aufwendig?

Das mag auf den ersten Blick so scheinen. Aber wenn man erst einmal einen kleinen Vorrat an oft benötigten exotischen Zutaten zu Hause hat, lässt sich vieles auch nach Feierabend noch auf den Tisch bringen. Bei Hülsenfrüchten ist etwas Planung gefragt: Einige Sorten müssen rechtzeitig eingeweicht werden. Großes Plus: Viele Gerichte sind perfekt für Meal-Prep! Und wenn die Zeit knapp ist, einfach fertiges Naan oder Fladenbrot dazu aufbacken.

Worauf kommt es beim Abschmecken an?

In der indischen Küche wird ein Gleichgewicht von süß, sauer, salzig und bitter angestrebt. Zum einen durch das Abschmecken der einzelnen Gerichte, zum anderen durch die Kombination mit würzig-säuerlichen Raitas, Chutneys, Pickles. Schmecken Sie die fertigen Gerichte immer noch mal ab: Ist zum Beispiel der Joghurt für eine Raita sehr säuerlich, tut eine Extra-Prise Zucker gut, fehlt einem Dal Säure, die Pickles von Seite 57 dazu reichen. Auch die Schärfe nach Bedarf durch mehr oder weniger Chili anpassen.

5-ZUTATEN-REZEPT: MANGO-LASSI

250 g TK-Mango in einen leistungsstarken Mixer geben und ca. 5 Min. antauen lassen.

5 Kardamomkapseln im Mörser anstoßen und die Samen herauslösen.

25 g Zucker mit den Kardamomsamen im Mörser zerstoßen.

250 g Joghurt sowie ...

125 ml kaltes Wasser und Kardamom-Zucker zu den Mangostücken geben und alles cremig pürieren.

Mango-Lassi in Gläser füllen und mit 1 EL gerösteten und gehackten Pistazienkernen bestreut servieren.

SNACKS, SALATE & MEHR

08 LINSEN-FRITTERS

10 GEMÜSE-PAKORA

11 SPINAT-TIKKAS

12 SAMOSAS MIT KARTOFFELFÜLLUNG

14 GEBRATENER PANEER

16 PIKANTER GRIESSBREI

17 WÜRZ-REIS

18 TOMATENSUPPE

19 JOGHURTSUPPE

20 KICHERERBSEN-SALAT

22 GURKEN-TOMATEN-SALAT

23 MÖHREN-SALAT

Für 16 Stück • 12 Std. Einweichen • 50 Min. Zubereitung • Pro Stück ca. 135 kcal, 3 g E, 9 g E, 10 g KH

LINSEN-FRITTERS

FÜR GÄSTE

200 g Urad Dal (geschälte schwarze Linsen)
1 Zwiebel
1 grüne Chilischote
1 Stück Ingwer (ca. 4 cm lang)
1 EL Öl
½ TL gemahlener Kreuzkümmel
½ Bund Koriandergrün
Salz
Pfeffer
60 g Reismehl
½ TL Backpulver

AUSSERDEM

ca. 500 ml Öl zum Arbeiten und Frittieren

DAS PASST DAZU

Zu den Fritters passen sehr gut die süßsaure Tamarinden-Dattel-Sauce (s. S. 57) oder das pikante Mango-Chutney (s. S. 59).

1 Die Linsen in einer Schüssel mit kaltem Wasser bedecken und mindestens 12 Std. (über Nacht) einweichen. Zwiebel schälen, fein würfeln. Die Chilischote halbieren, Stielansatz, weiße Trennwände und Kerne entfernen. Die Hälften waschen und ebenfalls fein würfeln. Ingwer schälen und fein raspeln.

2 Das Öl in einer Pfanne erhitzen. Die Zwiebelwürfel darin unter Wenden ca. 3 Min. andünsten. Chiliwürfel, Ingwer und Kreuzkümmel zugeben, weitere 2–3 Min. dünsten, danach die Würzmischung vom Herd nehmen. Das Koriandergrün kalt abbrausen, trocken schütteln und samt feinen Stängeln hacken.

3 Linsen abgießen, abspülen und gut abtropfen lassen. Im Mixer fein pürieren, bei Bedarf 1–2 EL Wasser zugeben. Würzmischung, gehackten Koriander, 1 TL Salz und Pfeffer unterrühren. Nach und nach das Reismehl einrühren, bis ein gut formbarer, aber nicht zu fester Teig entsteht. Gegebenenfalls noch 1 EL Mehl zugeben. Backpulver unterrühren.

4 Mit eingeölten Händen aus je 1 leicht gehäuften EL Teig ca. 16 golfballgroße Kugeln formen, flach drücken und mittig ein Loch einstechen, sodass der Teig wie ein Donut aussieht.

5 Öl eine Handbreit hoch in einem weiten Topf auf 175° erhitzen. Fritters darin portionsweise pro Seite in 3–4 Min. goldbraun frittieren. Auf Küchenpapier entfetten. Heiß servieren.

Für 4 Personen • 30 Min. Zubereitung • Pro Portion ca. 330 kcal, 12 g E, 13 g F, 40 g KH

GEMÜSE-PAKORA

GÜNSTIG

150 g Kichererbsenmehl
75 g Reismehl
1 gehäufter TL Salz
1 ½ TL gemahlene Kurkuma
½ TL Chilipulver
1 große rote Zwiebel
1 kleiner Blumenkohl (ca. 400 g Blumenkohlröschen)

AUSSERDEM

500 ml Öl zum Frittieren
etwas Chaat Masala zum Bestreuen (nach Belieben)

1 Beide Mehle mit Salz, Kurkuma und Chilipulver in einer Schüssel mischen. Nach und nach ca. 200 ml kaltes Wasser mit einem Schneebesen einrühren, sodass ein pfannkuchenartiger Teig entsteht.

2 Zwiebel schälen, halbieren, in schmale Spalten schneiden. Den Blumenkohl waschen, gut trocken tupfen und in Röschen teilen. Das Öl eine Handbreit hoch in einem weiten Topf auf 175° erhitzen.

3 Sobald das Öl heiß ist, den Teig kräftig durchrühren. Zwiebel- und Blumenkohlstücke einzeln in den Teig tauchen, bis sie komplett davon überzogen sind. Die Stücke portionsweise ins heiße Fett geben und in ca. 5 Min. goldbraun frittieren. Mit einem Schaumlöffel herausheben und auf Küchenpapier abtropfen lassen. Die Pakora nach Belieben mit Chaat Masala bestreuen und heiß servieren. Dazu passen selbst gemachte Chutneys (s. S. 58–59) oder Raitas (s. S. 56).

Für 4 Personen • 45 Min. Zubereitung • 1 Std. Kühlen • Pro Portion ca. 220 kcal, 7 g E, 9 g F, 27 g KH

SPINAT-TIKKAS

FÜRS BÜFETT

500 g vorwiegend festkochende Kartoffeln
100 g Baby-Blattspinat
½ Bund Koriandergrün
1 grüne Chilischote
5 EL Kichererbsenmehl
1 TL Garam Masala
¼ TL gemahlene Kurkuma
1 Msp. gemahlener Kardamom
Pfeffer
1 gehäufter TL Salz
2 EL Zitronensaft
3 EL Öl

1 Die Kartoffeln waschen und in kochendem Wasser in 20–25 Min. weich garen. Spinat waschen und abtropfen lassen, grobe Stiele entfernen, den Rest hacken. Das Koriandergrün waschen, trocken schütteln und samt feinen Stängeln hacken. Chili halbieren, Stielansatz, Trennwände und Kerne entfernen. Die Hälften waschen, fein hacken.

2 Kartoffeln abgießen, kurz abkühlen lassen, dann pellen und noch warm durch eine Kartoffelpresse drücken. 2 EL Kichererbsenmehl, Gewürze, Salz und Zitronensaft zugeben, alles zu einer glatten Masse verkneten. Spinat, Koriander und Chili unterkneten.

3 Die Masse zu ca. zwölf golfballgroßen Kugeln formen, zu Bratlingen flach drücken und im übrigen Kichererbsenmehl wenden. Etwa 1 Std. kalt stellen. Danach das Öl in einer beschichteten Pfanne erhitzen. Tikkas darin in zwei Portionen pro Seite 4–5 Min. braten. Mit Rote-Bete-Raita (s. S. 56) oder Mango-Chutney (s. S. 59) servieren.

SAMOSAS MIT KARTOFFELFÜLLUNG

PARTYFOOD

Für 12 Stück • 1 Std. 15 Min. Zubereitung • Pro Stück ca. 275 kcal, 6 g E, 12 g F, 36 g KH

FÜR DEN TEIG

250 g Mehl
¾ TL Salz
4 EL zimmerwarmes Ghee (indisches Butterschmalz)

FÜR DIE FÜLLUNG

400 g vorwiegend festkochende Kartoffeln
200 g TK-Erbsen
5 Zweige Minze
1 Zwiebel
1 EL Ghee (indisches Butterschmalz; ersatzweise Öl)
1 TL Garam Masala
Salz
1 EL Zitronensaft

AUSSERDEM

ca. 500 ml Öl zum Frittieren
Chaat Masala zum Bestreuen

DAS PASST DAZU
Lässt die Geschmacksknospen jubeln: Genießen Sie zu den Samosas ein fruchtig-pikantes Chutney (s. S. 58–59).

1 Für den Teig Mehl, Salz und Ghee nach und nach mit 150 ml kaltem Wasser (1) in ca. 10 Min. glatt verkneten. Mit einem feuchten Tuch abdecken und ca. 30 Min. ruhen lassen.

2 Für die Füllung die Kartoffeln waschen und in kochendem Wasser in ca. 20 Min. weich garen. Die TK-Erbsen in einer Schüssel mit heißem Wasser überbrühen und ca. 5 Min. ziehen lassen. Minze waschen, trocken schütteln, die Blätter abzupfen und fein hacken. Die Zwiebel schälen und fein würfeln.

3 Die Zwiebelwürfel im heißen Ghee bei kleiner Hitze ca. 10 Min. andünsten. Garam Masala einrühren und alles vom Herd nehmen. Kartoffeln abgießen, pellen und ca. 0,5 cm groß würfeln. Erbsen gut abtropfen lassen. Beides mit Minze unter die Zwiebel rühren (2). Mit Salz und Zitronensaft abschmecken.

4 Den Teig in sechs gleich große Portionen teilen, diese auf der leicht geölten Arbeitsfläche rund (à ca. 20 cm ∅) ausrollen und halbieren (3). Die gerade Schnittkante der Halbkreise mit Wasser bestreichen, dann leicht überlappend aufeinander legen und festdrücken, sodass ein Trichter entsteht (4).

5 Die Trichter wie eine Eistüte halten, je 1–2 EL Füllung hineingeben (5), die Teigränder mit Wasser anfeuchten und über der Füllung zusammendrücken. So zwölf Samosas formen.

6 Das Öl in einem Topf auf 175° erhitzen. Samosas darin portionsweise pro Seite 3–4 Min. frittieren. Auf Küchenpapier entfetten. Mit Chaat Masala bestreuen und heiß servieren (6).

Für 4 Personen • 25 Min. Zubereitung • 12 Std. Kühlen • Pro Portion ca. 390 kcal, 18 g E, 23 g F, 27 g KH

GEBRATENER PANEER

KLASSIKER

FÜR DEN PANEER

2 l frische Vollmilch
1 ½ Zitronen

FÜR DIE MARINADE

1 Knoblauchzehe
1 TL Garam Masala
¼ TL gemahlene Kurkuma
½ TL Kreuzkümmel
1 TL Pul Biber
1 TL Speisestärke
½ Limette
Salz
Pfeffer

AUSSERDEM

Öl zum Braten
Bio-Limettenspalten zum Servieren

1 Für ca. 250 g Paneer die Milch in einem Topf bei mittlerer Hitze unter Rühren aufkochen. Saft der Zitronen auspressen.

2 Sobald die Milch kocht, 6 EL Zitronensaft einrühren. Unter Rühren kurz weiterkochen, bis sich die flockige Käsemasse von der flüssigen Molke trennt. Andernfalls esslöffelweise Zitronensaft zugeben und weiterkochen, bis sich die Frischkäsemasse abtrennt. Dann den Topf sofort vom Herd nehmen.

3 Topfinhalt in ein feines Sieb gießen, ca. 30 Sek. mit kaltem Wasser abbrausen, dabei mit einem Löffel durchrühren. Käsekrümel abtropfen lassen, dann auf ein sauberes Geschirrtuch geben. Tuch an den Ecken fassen und zusammendrehen, sodass möglichst viel Flüssigkeit aus dem Käse gedrückt wird.

4 Das Tuch in eine flache Schale legen und den Käse zu einem ca. 2 cm hohen Rechteck drücken. Tuch über den Käse schlagen, ein Brett darauflegen und den Käse mit Konservendosen beschwert mindestens 12 Std. kühl stellen. Käse zum Verarbeiten in ca. 1,5 cm große Würfel schneiden.

5 Für die Marinade Knoblauch schälen und hacken. Mit allen Zutaten in einem tiefen Teller mischen. Paneerwürfel vorsichtig darin wenden. Öl ca. 5 cm hoch in einer Pfanne erhitzen. Paneer darin in 8–10 Min. rundum knusprig braten. Auf Küchenpapier entfetten, mit Limettenspalten servieren.

Für 4 Personen • 25 Min. Zubereitung • Pro Portion ca. 545 kcal, 17 g E, 26 g F, 64 g KH

PIKANTER GRIESSBREI

EINFACH

300 g Hartweizengrieß
1 Stück Ingwer (ca. 1,5 cm lang)
2 grüne Chilischoten
4 EL Ghee (indisches Butterschmalz; ersatzweise Öl)
80 g Cashewkerne
2 TL schwarze Senfkörner
Salz
300 g Baby-Blattspinat
4 mittelgroße Tomaten
1 EL getrocknete Curryblätter
Pfeffer

1 Den Hartweizengrieß in einer Pfanne ohne Fett unter Wenden leicht anbräunen, danach herausnehmen. Den Ingwer schälen, fein würfeln. Die Chilis halbieren, Stielansatz, Trennwände, Kerne entfernen. Die Hälften waschen und in feine Würfel schneiden.

2 In einem Topf 2 EL Ghee erhitzen. Cashews und Senfkörner darin unter Wenden anrösten, bis die Senfkörner knistern. Chilis und Ingwer kurz mitbraten, dann 650 ml Wasser und 1 TL Salz zugeben, alles aufkochen. Den Grieß einrühren und bei kleiner Hitze ca. 5 Min. unter Rühren garen. Vom Herd nehmen, zugedeckt ca. 5 Min. ziehen lassen.

3 Spinat waschen, abtropfen lassen und hacken. Tomaten waschen, vierteln, von Stielansatz und Kernen befreien, klein schneiden. In einer Pfanne übriges Ghee erhitzen. Spinat darin ca. 2 Min. andünsten, die Tomaten und Curryblätter weitere ca. 2 Min. mitdünsten. Gemüse salzen, pfeffern und mit dem Grießbrei in vier Schalen anrichten.

Für 4 Personen • 25 Min. Zubereitung • Pro Portion ca. 340 kcal, 10 g E, 16 g F, 38 g KH

WÜRZ-REIS

SCHNELL

150 g grobe Reisflocken (Poha; keine Instant-Reisflocken!)
1 rote Zwiebel
1 grüne Chilischote
2 EL Ghee (indisches Butterschmalz; ersatzweise Öl)
4 EL Erdnusskerne
2 TL Panch Phoron (indische 5-Gewürze-Mischung)
150 g TK-Erbsen
1 TL gemahlene Kurkuma
Salz
½ Bund Koriandergrün
3 TL Limettensaft

1 Reisflocken in einem Sieb vorsichtig mit kaltem Wasser abspülen, dann abgedeckt ca. 10 Min. abtropfen lassen. Inzwischen die Zwiebel schälen und fein würfeln. Chili vom Stielansatz und nach Belieben von den Kernen befreien, waschen und in schmale Ringe schneiden.

2 Ghee in einem Topf erhitzen. Erdnüsse darin goldbraun anrösten, herausnehmen. Panch Phoron im Bratfett kurz anrösten, Zwiebelwürfel und Chiliringe hinzufügen und 3–4 Min. andünsten. TK-Erbsen mit 2 EL Wasser zugeben und alles zugedeckt ca. 5 Min. garen.

3 Danach die abgetropften Reisflocken und Kurkuma untermischen, alles mit Salz abschmecken und abgedeckt 2–3 Min. garen, dabei eventuell noch etwas Wasser zugeben. Das Koriandergrün waschen, trocken schütteln und samt feinen Stängeln hacken. Reis mit Limettensaft beträufeln und mit Koriander sowie Erdnüssen bestreuen.

Für 4 Personen • 35 Min. Zubereitung • Pro Portion ca. 131 kcal, 4 g E, 8 g F, 11 g KH

TOMATENSUPPE

KALORIENARM

1 TL Tamarindenmark
1 Zwiebel
3 EL Öl
1 Dose Tomaten (400 g)
¼ TL gemahlene Kurkuma
2 TL Zucker
Salz
Pfeffer
30 g rote Linsen
1 Knoblauchzehe
1 gehäufter TL Panch Phoron (indische 5-Gewürze-Mischung)
½ TL Pul Biber

1 Tamarindenmark mit 50 ml kochendem Wasser übergießen und ca. 10 Min. ziehen lassen, danach durch ein feines Sieb streichen.

2 Die Zwiebel schälen, würfeln und in 2 EL heißem Öl bei kleiner Hitze unter Wenden in 8–10 Min. goldbraun dünsten. Tomaten aus der Dose hinzufügen, dann Tamarindenmark, Kurkuma, Zucker, Salz, Pfeffer und Linsen unterrühren und alles aufkochen. 800 ml Wasser angießen und die Suppe ca. 20 Min. köcheln lassen.

3 Knoblauch schälen, fein würfeln. Übriges Öl in einer kleinen Pfanne erhitzen. Panch Phoron darin anrösten, bis die Gewürze beginnen zu knistern. Knoblauch zugeben, bei nicht zu großer Hitze 1–2 Min. rösten. Pul Biber unterrühren, dann das Würzöl vom Herd nehmen.

4 Die Suppe mit einem Pürierstab oder im Mixer fein pürieren. Mit Salz und Pfeffer abschmecken. Das Würzöl zugeben und unterrühren.

Für 4 Personen • 30 Min. Zubereitung • Pro Portion ca. 220 kcal, 7 g E, 16 g F, 11 g KH

JOGHURTSUPPE

ERFRISCHEND

500 g Joghurt (3,5 % Fett)
30 g Kichererbsenmehl
1 TL gemahlene Kurkuma
Salz
3 EL Ghee (indisches Butterschmalz; ersatzweise Öl)
2 TL Panch Phoron (indische 5-Gewürze-Mischung)
1 TL Bockshornkleesamen
1 Lorbeerblatt
Pfeffer
Limettensaft (nach Belieben)
Zucker (nach Belieben)
1 TL Pul Biber
Korianderblättchen zum Garnieren

1 Joghurt, Kichererbsenmehl, Kurkuma und 1 TL Salz in eine Schüssel geben und mit dem Schneebesen glatt verrühren. 100 ml Wasser untermischen und die Mischung ca. 5 Min. quellen lassen.

2 In einem Topf 1 EL Ghee erhitzen. 1 TL Panch Phoron, Bockshornklee und Lorbeer darin andünsten, bis die Samen beginnen zu knistern. Hitze reduzieren und den Joghurt-Mix langsam unterrühren.

3 400 ml Wasser hinzufügen, die Hitze erhöhen und die Suppe unter Rühren (sonst gerinnt sie!) 10–15 Min. köcheln lassen, bis sie etwas andickt. Vom Herd nehmen, mit Salz, Pfeffer und nach Belieben mit Limettensaft und Zucker abschmecken. Abgedeckt warm halten.

4 Übriges Ghee (2 EL) in einer kleinen Pfanne erhitzen. Übriges Panch Phoron und Pul Biber darin andünsten, bis die Gewürze beginnen zu knistern. Suppe mit Würzöl beträufeln und mit Koriander bestreuen.

Für 4 Personen • 20 Min. Zubereitung • Pro Portion ca. 155 kcal, 5 g E, 2 g F, 26 g KH

KICHERERBSEN-SALAT

SCHNELL

1 Dose Kichererbsen (240 g Abtropfgewicht)
1 mittelgroße rote Zwiebel
½ große Bio-Salatgurke
1 große Pellkartoffel (ca. 250 g)
2 grüne Chilischoten
½ Granatapfel
1 Bund Koriandergrün
5 TL Limettensaft
1 gestrichener TL gemahlener Kreuzkümmel
Salz
Pfeffer
1 TL Chaat Masala

DAS PASST DAZU
Traditionell wird der Salat mit Gurken-Minze-Raita (s. S. 56) und Tamarinden-Dattel-Sauce (s. S. 57) serviert.

1 Kichererbsen in ein Sieb abgießen, kalt abspülen und abtropfen lassen. Zwiebel schälen, halbieren und in feine Scheiben schneiden. Gurke waschen, längs halbieren und die Kerne mit einem Teelöffel herauskratzen. Das Fruchtfleisch klein würfeln. Kartoffel pellen und in kleine Würfel schneiden.

2 Chilis längs halbieren, Stielansatz und nach Belieben die Kerne entfernen. Die Hälften quer in schmale Streifen schneiden. Die Kerne aus dem Granatapfel lösen. Das Koriandergrün waschen, trocken schütteln und samt feinen Stängeln hacken.

3 Limettensaft mit Kreuzkümmel, Salz und Pfeffer in einer großen Salatschüssel verrühren. Alle vorbereiteten Zutaten dazugeben und untermischen. Den Salat mit Chaat Masala abschmecken, auf vier Tellern anrichten und sofort genießen.

Für 4 Personen • 15 Min. Zubereitung • 1 Std. Ziehen • Pro Portion ca. 40 kcal, 2 g E, 1 g F, 5 g KH

GURKEN-TOMATEN-SALAT

SOMMER-REZEPT

1 Bio-Salatgurke
3 Tomaten
1 kleine rote Zwiebel
1 grüne Chilischote
5 TL Limettensaft
½ TL brauner Zucker
¾ TL gemahlener Kreuzkümmel
Salz
Pfeffer
1 Bund Koriandergrün

AUSSERDEM

etwas Limettensaft und brauner Zucker zum Abschmecken

1 Die Gurke waschen und längs halbieren. Die Kerne mit einem Teelöffel herauskratzen. Das Fruchtfleisch klein würfeln. Tomaten waschen, vierteln und dabei von den Stielansätzen und den Kernen befreien. Das Fruchtfleisch ebenfalls in kleine Würfel schneiden.

2 Die Zwiebel schälen, halbieren und fein würfeln. Die Chilischote halbieren, Stielansatz, weiße Trennwände und Kerne entfernen. Die Hälften waschen und in feine Würfel schneiden.

3 Limettensaft, ½ TL Zucker, Kreuzkümmel, Salz und Pfeffer in einer Salatschüssel verrühren. Die vorbereiteten Zutaten untermischen und den Salat abgedeckt im Kühlschrank ca. 1 Std. ziehen lassen.

4 Vor dem Servieren das Koriandergrün waschen, trocken schütteln und samt feinen Stängeln hacken. Salat mit Salz, Pfeffer und etwas Limettensaft oder Zucker abschmecken. Mit Koriander garnieren.

Für 4 Personen • 15 Min. Zubereitung • 1 Std. Ziehen • Pro Portion ca. 105 kcal, 2 g E, 7 g F, 7 g KH

MÖHREN-SALAT

WINTER-REZEPT

2 EL Kokosraspel
500 g Möhren
½ Zitrone
1 EL Öl
½ TL Kreuzkümmel
½ TL schwarze Senfkörner
½ TL brauner Zucker
Salz
1 Bund Koriandergrün

AUSSERDEM

etwas Zitronensaft und brauner Zucker zum Abschmecken

1 Kokosraspel in einer Schale mit 4 EL kochendem Wasser übergießen und ziehen lassen, bis alles andere vorbereitet ist. Die Möhren putzen, schälen und grob raspeln. Die Raspel in eine Salatschüssel geben.

2 Den Saft der Zitrone auspressen. Das Öl in einem kleinen Pfännchen erhitzen. Kreuzkümmel und Senfkörner darin anrösten, bis die Gewürze beginnen zu knistern. Den Zitronensaft zugießen, den Zucker einrühren und so lange rühren, bis dieser sich komplett gelöst hat.

3 Das Würzöl salzen und mit den Kokosraspeln unter die Möhren mischen. Den Salat abgedeckt im Kühlschrank ca. 1 Std. ziehen lassen.

4 Vor dem Servieren das Koriandergrün waschen, trocken schütteln und samt feinen Stängeln hacken. Unter den Salat mischen und diesen nochmals mit Salz, etwas Zitronensaft und Zucker abschmecken.

CURRYS, DALS & CO.

26 VEGGIE-BÄLLCHEN

28 GEMÜSE-KORMA

29 KARTOFFEL-BLUMENKOHL-CURRY

31 GEMÜSE IN LINSENSAUCE

32 KICHERERBSEN-CURRY

33 EIER-CURRY

34 PALAK PANEER

35 PANEER TIKKA MASALA

36 GRÜNES GEMÜSE-CURRY

38 KICHERERBSEN-DAL

39 ROTE-LINSEN-DAL

40 BUTTERLINSEN-DAL

41 TOVAAR-DAL

42 INDISCHE LINSENPFANNKUCHEN

45 GEMÜSE-BIRYANI

Für 4 Personen • 1 Std. Zubereitung • Pro Portion ca. 425 kcal, 6 g E, 33 g F, 28 g KH

VEGGIE-BÄLLCHEN

FÜR GÄSTE

FÜR DIE BÄLLCHEN

500 g vorwiegend festkochende Kartoffeln
Salz
3 grüne Thai-Chilischoten
3 Knoblauchzehen
½ TL Garam Masala
3 EL Kichererbsenmehl
Öl zum Frittieren

FÜR DIE SAUCE

1 EL Öl
175 g Masala-Paste (Fertigprodukt oder selbst gemacht)
200 g Kokosmilch
Salz
2 TL Limettensaft
Pfeffer
Zucker
Koriandergrün zum Bestreuen

1 Für die Bällchen Kartoffeln schälen, waschen, würfeln und in kochendem Salzwasser in ca. 15 Min. weich garen. Die Chilis halbieren, Stielansätze, Trennwände und Kerne entfernen. Die Hälften waschen, fein würfeln. Knoblauch schälen, fein würfeln.

2 Abgetropfte Kartoffeln durch die Kartoffelpresse in eine Schüssel drücken. Mit 1 TL Salz, Garam Masala, Chilis, Knoblauch und Kichererbsenmehl verkneten. Aus der Masse mit leicht angefeuchteten Händen ca. zwölf Bällchen formen.

3 Für die Sauce das Öl in einem Topf erhitzen. Die Paste darin unter Wenden leicht anbräunen. Kokosmilch und 400 ml Wasser angießen, salzen, aufkochen und mit leicht geöffnetem Deckel 15–18 Min. köcheln lassen. Dabei ab und zu umrühren.

4 Frittieröl in einen weiten Topf ca. 5 cm hoch einfüllen und auf ca. 175° erhitzen. Bällchen darin portionsweise unter Wenden goldbraun frittieren. Auf Küchenpapier entfetten.

5 Die Sauce mit Limettensaft, Salz, Pfeffer und 1 Prise Zucker abschmecken. Die Bällchen darin zugedeckt bei kleiner Hitze ca. 5 Min. ziehen lassen. Koriandergrün waschen, trocken schütteln, Blättchen und feine Stängel fein hacken. Das Curry mit gehacktem Koriander bestreut servieren.

Für 4 Personen • 30 Min. Zubereitung • Pro Portion ca. 400 kcal, 15 g E, 22 g F, 32 g KH

GEMÜSE-KORMA

FÜR GÄSTE

800 g gemischtes Gemüse (z. B. Blumenkohl, grüne Erbsen, grüne Bohnen, Paprika, Möhre)
2 Zwiebeln
1 Stück Ingwer (ca. 3 cm lang)
2 EL Ghee (indisches Butterschmalz; ersatzweise Öl)
80 g Cashewkerne
25 g Rosinen
7 grüne Kardamomkapseln
3 Nelken
½ TL Fenchelsamen
200 g griech. Joghurt (10 % Fett)
Salz

1 Gemüse je nach Sorte putzen, bei Bedarf schälen, dann waschen und in mundgerechte Stücke schneiden. Die Zwiebeln und den Ingwer schälen, beides in feine Würfel schneiden.

2 In einem großen Topf 2 EL Ghee erhitzen. Zwiebeln, Ingwer, Cashewkerne, Rosinen und Gewürze zugeben und unter Wenden ca. 12 Min. dünsten, dabei aufpassen, dass die Zutaten nicht zu dunkel werden. Nach dem Dünsten die Kardamomkapseln und Nelken aus der Würzmischung entfernen, dann 200 ml Wasser angießen, alles aufkochen und ca. 10 Min. bei kleiner Hitze köcheln lassen.

3 Den Topfinhalt mit dem Pürierstab fein pürieren, dann nochmals 200 ml Wasser zugeben und alles aufkochen. Das vorbereitete Gemüse hinzufügen und in ca. 15 Min. bissfest garen. Anschließend den Joghurt löffelweise zugeben und gut unterrühren. Gemüse-Korma mit Salz abschmecken und servieren.

Für 4 Personen • 40 Min. Zubereitung • Pro Portion ca. 245 kcal, 10 g E, 12 g F, 25 g KH

KARTOFFEL-BLUMENKOHL-CURRY

GÜNSTIG

1 großer Blumenkohl (ca. 1 kg Blumenkohlröschen)
500 g festkochende Kartoffeln
4 EL Öl
Salz
1 Zwiebel
1 Stück Ingwer (ca. 2 cm lang)
4 Tomaten
1 TL Kreuzkümmel
½ TL gemahlene Kurkuma
1 TL Garam Masala
½ TL Chilipulver
Korianderblättchen zum Garnieren

1 Den Backofen auf 200° vorheizen. Blumenkohl putzen, waschen und in Röschen teilen. Kartoffeln schälen und ca. 2 cm groß würfeln. Beides mit 2 EL Öl und Salz mischen und auf einem mit Backpapier belegten Blech verteilen. Im Ofen (Mitte) ca. 30 Min. backen.

2 Zwiebel und Ingwer schälen, klein würfeln. Tomaten waschen, in Stücke schneiden, dabei die Stielansätze entfernen. Übriges Öl in einem Topf erhitzen. Kreuzkümmel darin anrösten, bis er beginnt zu knistern. Zwiebelwürfel zugeben, unter Wenden ca. 5 Min. andünsten, Tomaten und Ingwer weitere ca. 2 Min. mitdünsten.

3 Kurkuma und 250 ml Wasser zugeben, aufkochen und ca. 10 Min. unter gelegentlichem Rühren köcheln lassen. Blumenkohl und Kartoffeln untermischen. Das Curry mit Garam Masala und Chilipulver würzen und weitere ca. 5 Min. köcheln lassen. Vor dem Servieren mit Salz abschmecken und mit den Korianderblättchen garnieren.

Für 4 Personen • 1 Std. Zubereitung • Pro Portion ca. 455 kcal, 25 g E, 16 g F, 46 g KH

GEMÜSE IN LINSENSAUCE

SÄUERLICH-SCHARF

150 g Toovar Dal (geschälte und halbierte gelbe Linsen)
½ TL gemahlene Kurkuma
Salz
1 TL Tamarindenmark
1 große Zwiebel
2 Tomaten
1 kg gemischtes Gemüse (z. B. Kürbis, Erbsen, Möhren, Blumenkohl, Brokkoli, Kohlrabi)
50 g Erdnusskerne
2 EL Ghee (indisches Butterschmalz; ersatzweise Öl)
4 rote getrocknete Chilischoten
2 TL Sambar Masala (Fertigprodukt oder selbst gemacht)
Zucker

1 Die Linsen in einem Sieb gut abspülen. Mit 600 ml Wasser, Kurkuma und etwas Salz aufkochen und 20–25 Min. köcheln lassen. Dabei entstehenden Schaum abschöpfen. Tamarindenmark mit 50 ml kochendem Wasser übergießen und ca. 10 Min. ziehen lassen, danach durch ein feines Sieb streichen.

2 Die Zwiebel schälen, halbieren und quer in feine Scheiben schneiden. Die Tomaten waschen und in kleine Stücke schneiden, dabei die Stielansätze entfernen. Gemüse je nach Sorte putzen, bei Bedarf schälen, dann waschen und in mundgerechte Stücke schneiden. Die Erdnusskerne grob hacken.

3 Das Ghee in einem Topf erhitzen. Die Chilischoten darin anrösten, bis sie dunkel werden, danach herausnehmen und entsorgen. Gehackte Erdnüsse im heißen Fett unter Wenden ca. 2 Min. anrösten. Die Zwiebel zugeben und unter Wenden bei nicht zu großer Hitze in ca. 10 Min. goldbraun andünsten.

4 Tomaten, Tamarindenpaste, Sambar Masala, Salz und 500 ml Wasser zugeben, alles aufkochen und ca. 10 Min. köcheln lassen, danach fein pürieren. Gemüse zugeben, in der Sauce aufkochen und zugedeckt in ca. 15 Min. bissfest garen. Dabei öfter umrühren und evtl. noch etwas Wasser zugeben.

5 Fertig gegarte Linsen pürieren und unter das Gemüse rühren. Sambar mit Salz und Zucker abschmecken und servieren.

Für 4 Personen • 35 Min. Zubereitung • Pro Portion ca. 250 kcal, 8 g E, 10 g F, 26 g KH

KICHERERBSEN-CURRY

BALLASTSTOFFREICH

4 Tomaten
5 Stängel Koriandergrün
2 EL Ghee (indisches Butterschmalz; ersatzweise Öl)
1 TL Kreuzkümmel
2 EL Ingwer-Knoblauch-Paste (Fertigprodukt oder selbst gemacht)
1 EL gemahlener Koriander
1 TL Chilipulver
½ TL gemahlene Kurkuma
Salz
2 Dosen Kichererbsen (à 240 g Abtropfgewicht)
1 EL Limettensaft

1 Die Tomaten waschen und grob in Stücke schneiden, dabei die Stielansätze entfernen. Die Tomatenstücke im Mixer oder mit dem Pürierstab fein pürieren. Das Koriandergrün waschen und trocken schütteln, Blätter und dünne Stängel fein hacken.

2 Das Ghee in einem weiten Topf erhitzen. Den Kreuzkümmel darin anrösten, bis er beginnt zu knistern. Die Ingwer-Knoblauch-Paste hinzufügen und in ca. 2 Min. leicht anbräunen. Die Gewürze einrühren, das Tomatenpüree und 200 ml Wasser angießen, alles mit Salz würzen, aufkochen und ca. 5 Min. köcheln lassen.

3 Die Kichererbsen in ein Sieb abgießen, dabei die Flüssigkeit auffangen und mit Wasser auf 400 ml auffüllen. Kichererbsen und Flüssigkeit zur Sauce geben, diese mit Limettensaft und Salz würzen, aufkochen und ca. 18 Min. köcheln lassen, dabei öfter rühren. Das Curry mit Salz abschmecken und mit Koriander bestreuen.

Für 4 Personen • 30 Min. Zubereitung • Pro Portion ca. 405 kcal, 13 g E, 33 g F, 15 g KH

EIER-CURRY

SCHNELL

2 Zwiebeln
5 grüne Kardamomkapseln
5 Stängel Koriandergrün
2 EL Ghee (indisches Butterschmalz; ersatzweise Öl)
1 Stange Zimt
1 EL Ingwer-Knoblauch-Paste (Fertigprodukt oder selbst gemacht)
1 TL gemahlener Koriander
6 mittelgroße Tomaten
½ TL Garam Masala
Salz
4 Eier
Pfeffer

1 Zwiebeln schälen, halbieren und quer in Scheiben schneiden. Kardamomkapseln im Mörser anquetschen. Das Koriandergrün waschen, trocken schütteln, Blätter und dünne Stängel hacken.

2 Das Ghee in einem Topf erhitzen. Kardamom und Zimt darin ca. 1 Min. anrösten. Die Zwiebeln zugeben und ca. 5 Min. andünsten, dann noch die Paste hinzufügen und in ca. 2 Min. leicht anbräunen.

3 Gemahlenen Koriander und 250 ml Wasser zugeben. Tomaten waschen, vom Stielansatz befreien, auf der groben Seite einer Haushaltsreibe in den Topf reiben. Garam Masala und etwas Salz hinzufügen, alles aufkochen, ca. 15 Min. köcheln lassen, dabei öfter rühren.

4 Die Eier in kochendem Wasser in ca. 10 Min. hart kochen, dann abgießen, abschrecken, pellen und halbieren. Die Hälften in die Sauce geben, alles salzen, pfeffern und mit Koriander bestreuen.

Für 4 Personen • 30 Min. Zubereitung • Pro Portion ca. 425 kcal, 21 g E, 32 g F, 9 g KH

PALAK PANEER

KLASSIKER

2 Zwiebeln
1 Stück Ingwer (ca. 4 cm lang)
4 Tomaten
2 EL Ghee (indisches Butterschmalz; ersatzweise Öl)
1 TL gemahlener Kreuzkümmel
½ TL gemahlene Kurkuma
½ TL gemahlener Koriander
750 g TK-Blattspinat-Mini
Salz, Pfeffer
250 g Paneer (Fertigprodukt oder selbst gemacht)
100 g Sahne

1 Zwiebeln und Ingwer schälen, klein würfeln. Die Tomaten waschen und klein schneiden, dabei die Stielansätze entfernen.

2 Das Ghee in einem weiten Topf erhitzen. Die Zwiebelwürfel darin unter Wenden ca. 5 Min. andünsten, dann den gewürfelten Ingwer und die Gewürze zugeben und weitere 1–2 Min. mitdünsten. Die Tomatenstücke und den TK-Spinat hinzufügen, alles mit Salz würzen. Das Gemüse zugedeckt aufkochen und ca. 10 Min. bei kleiner Hitze köcheln lassen, bis der Spinat aufgetaut ist. Dabei öfter umrühren.

3 Den Paneer in ca. 1,5 cm große Würfel schneiden. Die Sahne unter das Gemüse rühren und dieses mit Salz und Pfeffer abschmecken. Paneerwürfel in die Sauce geben und zugedeckt bei kleiner Hitze ca. 5 Min. darin erwärmen. Mit Reis oder Fladenbrot servieren.

Für 4 Personen • 40 Min. Zubereitung • Pro Portion ca. 445 kcal, 20 g E, 35 g F, 10 g KH

PANEER TIKKA MASALA

EIWEISSREICH

250 g Paneer (Fertigprodukt oder selbst gemacht)
125 g Joghurt (10 % Fett)
½ TL Paprikapulver
½ TL Garam Masala
Salz
2 Zwiebeln
50 g gehäutete Mandeln
5 Stängel Koriandergrün
2 EL Öl
1 EL Ingwer-Knoblauch-Paste (Fertigprodukt oder selbst gemacht)
1 Dose Tomaten (400 g)
Pfeffer, Zucker
50 g Sahne

1 Den Backofen auf 200° vorheizen. Paneer in ca. 1,5 cm große Würfel schneiden. Joghurt, Paprikapulver, Garam Masala und etwas Salz in einer Schüssel verrühren, Paneerwürfel untermischen. Alles in eine Auflaufform geben und im Ofen (Mitte) ca. 20 Min. backen.

2 Die Zwiebeln schälen, halbieren und in schmale Scheiben schneiden. Mandeln grob hacken. Koriandergrün waschen, trocken schütteln, Blätter und dünne Stängel fein hacken. Das Öl in einem Topf erhitzen. Die Zwiebeln darin bei kleiner Hitze ca. 10 Min. andünsten.

3 Paste und Mandeln zu den Zwiebeln geben und ca. 2 Min. mitdünsten. Tomaten und 300 ml Wasser zugießen, alles mit Salz, Pfeffer und 1 Prise Zucker würzen, aufkochen und 15–20 Min. köcheln lassen. Sauce vom Herd nehmen, pürieren, mit Sahne verfeinern und nochmals abschmecken. Paneerwürfel einlegen, alles bei kleiner Hitze ca. 5 Min. köcheln lassen und mit Koriander bestreut servieren.

Für 4 Personen • 40 Min. Zubereitung • Pro Portion ca. 335 kcal, 10 g E, 21 g F, 21 g KH

GRÜNES GEMÜSE-CURRY

VITAMINREICH

25 g Kokosraspel
175 g TK-Erbsen
1 Bund Koriandergrün
2 grüne Chilischoten
500 g gemischtes Gemüse (z. B. Hokkaido-Kürbis, Paprika, Möhren, Brokkoli, Blumenkohl)
2 TL Zucker
Salz
Saft von 1 kleinen Limette
2 EL Öl
1 TL schwarze Senfkörner
200 g Kokosmilch
Pfeffer

1 Die Kokosraspel in einer Schüssel mit 60 ml kochendem Wasser übergießen und abgedeckt ca. 15 Min. ziehen lassen. Die TK-Erbsen in einer weiteren Schüssel ebenfalls mit kochendem Wasser übergießen und in ca. 5 Min. auftauen lassen.

2 In der Zwischenzeit das Koriandergrün waschen, trocken schütteln, Blätter und feine Stängel grob hacken. Chilischoten längs halbieren, Stielansätze, weiße Trennwände und Kerne entfernen. Die Hälften waschen und in grobe Stücke schneiden. Das Gemüse je nach Sorte putzen, bei Bedarf schälen, dann waschen und in mundgerechte Stücke schneiden.

3 Erbsen in ein Sieb abgießen und abtropfen lassen. Kokosraspel, Erbsen, Koriander, Chilistücke, Zucker, 1 gehäuften TL Salz und Limettensaft im Blitzhacker oder Mixer pürieren.

4 Das Öl in einem Topf erhitzen. Senfkörner darin anrösten, bis sie beginnen zu knistern. Das Erbsenpüree dazugeben und unter Rühren 3–5 Min. anrösten, bis die Paste gerade beginnt, am Topfboden anzuhängen. Dann die Kokosmilch mit 200 ml Wasser angießen und kräftig rühren, sodass sich die Erbsenpaste vom Topfboden löst.

5 Das Gemüse zur Sauce geben, alles aufkochen und mit leicht geöffnetem Topfdeckel bei mittlerer Hitze 15–20 Min. köcheln lassen, bis das Gemüse gar ist. Dabei gelegentlich umrühren. Das Curry mit Salz und Pfeffer abschmecken.

Für 4 Personen • 1 Std. 15 Min. Zubereitung • Pro Portion ca. 265 kcal, 12 g E, 9 g F, 33 g KH

KICHERERBSEN-DAL

SCHARF-WÜRZIG

250 g Chana Dal (halbierte gelbe Kichererbsen)
1 Stück Ingwer (ca. 3 cm lang)
6 Nelken
1 Stange Zimt
½ TL gemahlene Kurkuma
Salz
1 Tomate
4 Knoblauchzehen
2 grüne Chilischoten
2 EL Öl
½ TL gemahlener Kreuzkümmel

1 Chana Dal kalt abspülen. Mit 1 l Wasser in einen Topf füllen. Ingwer schälen, klein schneiden, mit Nelken und Zimt in einen Teefilter füllen. Teefilter, Kurkuma und 1 TL Salz ins Wasser geben, alles aufkochen und die Kichererbsen bei kleiner Hitze und leicht geöffnetem Deckel in ca. 1 Std. weich garen. Dabei öfter umrühren.

2 Etwa 15 Min. vor Ende der Garzeit Tomate waschen, von Stielansatz und Kernen befreien und klein würfeln. Knoblauch schälen, klein schneiden. Die Chilis waschen und in feine Ringe schneiden, dabei den Stielansatz und nach Wunsch die Kerne entfernen.

3 Das Öl in einem kleinen Topf erhitzen. Knoblauch und Chiliringe darin 1–2 Min. anrösten, den Kreuzkümmel kurz mitrösten. Zuletzt die Tomatenwürfel zugeben und ca. 5 Min. andünsten. Den Teefilter aus dem Dal nehmen. Das Dal mit dem Kartoffelstampfer zerdrücken, salzen und mit der Würzmischung anrichten.

Für 4 Personen • 30 Min. Zubereitung • Pro Portion ca. 420 kcal, 24 g E, 14 g F, 49 g KH

ROTE-LINSEN-DAL

AUS DEM VORRAT

250 g rote Linsen
1 TL gemahlene Kurkuma
Salz
400 g TK-grüne-Bohnen
1 Knoblauchzehe
2 EL Ghee (indisches Butterschmalz; ersatzweise Öl)
2 getrocknete rote Chilischoten
2 TL Panch Phoron (indische 5-Gewürze-Mischung)
30 g Kokosraspel
2 EL Limettensaft

1 Linsen kalt abspülen. Mit Kurkuma, 1 TL Salz und 750 ml Wasser in einen Topf geben, aufkochen und 12–15 Min. köcheln lassen. Dabei zunehmend öfter umrühren. Die TK-Bohnen nach Packungsanweisung in Salzwasser garen. Knoblauch schälen und klein hacken.

2 Das Ghee in einem kleinen Pfännchen erhitzen. Chilis und Panch Phoron hinzufügen und unter Wenden anrösten, bis die Gewürze beginnen zu knistern. Knoblauch und Kokosraspel zugeben, 1–2 Min. unter Wenden anrösten, dann die Pfanne vom Herd nehmen.

3 Die Bohnen in ein Sieb abgießen, abtropfen lassen und unter die Würzmischung heben. Dal mit Salz und Limettensaft abschmecken, in Schalen anrichten und die Würz-Bohnen obenauf geben.

Für 4 Personen • 2 Std. 30 Min. Zubereitung • 12 Std. Einweichen •
Pro Portion ca. 330 kcal, 14 g E, 16 g F, 30 g KH

BUTTERLINSEN-DAL

CREMIG

200 g Urad Dal (geschälte schwarze Linsen)
1 mittelgroße Zwiebel
50 g Butter
2 EL Ingwer-Knoblauch-Paste (Fertigprodukt oder selbst gemacht)
75 g Tomatenmark
1 TL geräuchertes scharfes Paprikapulver
1 gehäufter TL Garam Masala
Salz
125 g Kochsahne (15 % Fett)
1 EL getrocknete Bockshornkleeblätter
Korianderblättchen

1 Linsen in einer Schüssel mit der dreifachen Menge Wasser bedecken und mindestens 12 Std. einweichen. Dann abgießen, in einem Topf mit reichlich Wasser aufkochen und ca. 45 Min. garen.

2 Inzwischen die Zwiebel schälen, klein würfeln. 30 g Butter in einem Topf zerlassen, die Zwiebelwürfel darin unter Wenden bei kleiner Hitze ca. 10 Min. andünsten. Die Paste einrühren und weitere 1–2 Min. dünsten. Tomatenmark einrühren, Gewürze zugeben, zuletzt die Sahne unterrühren. Die Würzpaste vom Herd nehmen.

3 Die weich gegarten Linsen abgießen, die Flüssigkeit auffangen. Linsen, 200 ml Flüssigkeit und Bockshornkleeblätter unter die Würzpaste rühren und bei leicht geöffnetem Deckel ca. 1 Std. 30 Min. köcheln lassen. Dabei regelmäßig umrühren, bei Bedarf noch Flüssigkeit zugeben. Am Ende übrige Butter untermischen, das Dal mit Salz abschmecken und mit Korianderblättchen garniert servieren.

Für 4 Personen • 40 Min. Zubereitung • 1 Std. Einweichen • Pro Portion ca. 385 kcal, 18 g E, 17 g F, 38 g KH

TOOVAR-DAL

SCHARF

250 g Toovar Dal (geschälte und halbierte gelbe Linsen)
2 große Zwiebeln
Salz
2 Tomaten
¼ TL gemahlene Kurkuma
4 EL Ghee (indisches Butterschmalz; ersatzweise Öl)
3 getrocknete rote Chilischoten
5 getrocknete Curryblätter
1 Stange Zimt
3 Nelken
¼ TL schwarze Senfkörner

1 Die Linsen ca. 1 Std. in warmem Wasser einweichen. Die Zwiebeln schälen, halbieren und quer in feine Scheiben schneiden. In einem Sieb mit Salz durchmischen und ca. 1 Std. ziehen lassen.

2 Dal abgießen, abspülen und mit 1 l Wasser in einen Topf geben. Tomaten waschen, grob würfeln, dabei die Stielansätze entfernen. Tomatenwürfel und Kurkuma mit den Linsen aufkochen und alles bei mittlerer Hitze ca. 30 Min. köcheln lassen. Ab und zu umrühren.

3 Die Zwiebelscheiben ausdrücken und mit Küchenpapier trocken tupfen. Ghee in einem Topf erhitzen, die Zwiebeln darin bei nicht zu großer Hitze in ca. 10 Min. goldbraun braten, dann herausnehmen.

4 Für das Würzöl Chilis, Curryblätter, Zimt, Nelken und Senfkörner im Bratfett ca. 30 Sek. anrösten. Das Dal mit Salz abschmecken, das Würzöl zugeben und unterrühren. Dal mit Schmelzzwiebeln anrichten.

Für 4 Personen • 30 Min. Zubereitung • 12 Std. Einweichen • Pro Portion ca. 355 kcal, 11 g E, 16 g F, 44 g KH

INDISCHE LINSENPFANNKUCHEN

GUT VORZUBEREITEN

125 g Moong Dal (geschälte Mungbohnen)
125 g Basmati-Reis
1 Stück Ingwer (ca. 4 cm lang)
1 gehäufter TL Salz
½ TL gemahlene Kurkuma
½ TL Garam Masala
1 Prise Zucker
4 TL Ghee (indisches Butterschmalz), ersatzweise Öl

VORRATS-TIPP
Abgedeckt im Kühlschrank bleiben die Pfannkuchen ca. 3 Tage lang frisch, eingefroren mindestens 1 Monat. Vor dem Servieren in einer Pfanne von jeder Seite kurz aufbacken.

1 Moong Dal und Basmati-Reis getrennt in Schüsseln geben, mit reichlich Wasser bedecken und über Nacht einweichen. Am nächsten Tag beides in ein Sieb abgießen, mit kaltem Wasser gründlich abspülen und gut abtropfen lassen. Dal zusammen mit dem Reis in einen leistungsstarken Mixer geben.

2 Ingwer schälen, grob schneiden und gleichfalls in den Mixer geben. Salz, Gewürze, Zucker und 240 ml Wasser hinzufügen und alles auf höchster Stufe zu einem glatten, leicht dickflüssigen Teig mixen. Bei Bedarf etwas Wasser untermixen.

3 In einer beschichteten Pfanne (ca. 24 cm ∅) ½ TL Ghee erhitzen und verteilen. Eine Schöpfkelle Teig (ca. 60 ml) in die Pfanne geben, durch Schwenken der Pfanne dünn verteilen und eventuell mit einem Löffel spiralförmig noch weiter zu einem runden Pfannkuchen (ca. 20 cm ∅) ausstreichen.

4 Den Pfannkuchen 2–3 Min. backen, dann wenden und weitere ca. 2 Min. braten. Herausnehmen, warm halten. Auf diese Weise aus dem restlichen Teig im übrigen Fett ca. sieben weitere Pfannkuchen backen. Nach Wunsch mit Chutney oder Raita servieren. Sehr gut passen auch Würz-Kartoffeln (s. S. 53).

GU **CLOU**

Für ein besonders herzhaftes Aroma den Teig je nach Raumtemperatur 8 bis 24 Std. fermentieren lassen. Sobald sich kleine Bläschen an der Oberfläche zeigen und der Teig leicht säuerlich riecht, ist er bereit zum Backen.

Für 4 Personen • 50 Min. Zubereitung • 1 Std. Garzeit • Pro Portion ca. 585 kcal, 18 g E, 24 g F, 71 g KH

GEMÜSE-BIRYANI

REISGERICHT

250 g Basmati-Reis
4 EL Milch
2 TL + 3 EL Ghee (indisches Butterschmalz; ersatzweise Öl)
2 Msp. Safranfäden
600 g gemischtes Gemüse (z. B. Kartoffeln, Möhren, Blumenkohl, Kürbis, Paprika, grüne Bohnen)
4 mittelgroße rote Zwiebeln
50 g Cashewkerne
1 leicht gehäufter TL Biryani-Gewürzmischung (indisches Reisgewürz; Fertigprodukt)
300 g Joghurt (3,5 % Fett)
Salz
Pfeffer
1 gehäufter TL Garam Masala

1 Reis kalt abspülen und ca. 30 Min. in Wasser einweichen. Milch mit 1 TL Ghee und Safran lauwarm erhitzen, vom Herd nehmen. Gemüse je nach Sorte putzen, bei Bedarf schälen, waschen und in mundgerechte Stücke schneiden. Zwiebeln schälen, halbieren und quer in feine Scheiben schneiden.

2 3 EL Ghee in einer Pfanne erhitzen. Die Zwiebelscheiben darin bei kleiner Hitze ca. 10 Min. braten, die Hälfte herausnehmen. Die Cashews zu den übrigen Zwiebeln in die Pfanne geben und unter Wenden ca. 3 Min. anrösten. Die Biryani-Gewürzmischung hinzufügen und weitere 2 Min. mitrösten.

3 Anschließend zunächst die festen Gemüsesorten, danach das übrige Gemüse zugeben und jeweils 2–3 Min. braten. 100 ml Wasser angießen, alles aufkochen und das Gemüse zugedeckt in ca. 10 Min. bissfest garen.

4 Gemüse vom Herd nehmen, den Joghurt einrühren. Mit Salz, Pfeffer und Garam Masala abschmecken. Den eingeweichten Reis abgießen, in kochendem Salzwasser 5–6 Min. garen und halb gar abgießen. Kalt abschrecken und gut abtropfen lassen.

5 Den Backofen auf 180° vorheizen. Die Hälfte von Reis und Zwiebeln in einen gusseisernen Topf schichten, das Gemüse darauf geben und mit dem Rest von Reis und Zwiebeln abschließen. Biryani mit der lauwarmen Milch beträufeln, mit 1 TL Ghee in Flöckchen belegen und mit Alufolie abdecken. Im Ofen (Mitte) bei aufgelegtem Deckel ca. 1 Std. garen.

BEILAGEN, SAUCEN & CHUTNEYS

48 BLUMENKOHL-PARATHA

50 VOLLKORN-CHAPATI

51 KNOBLAUCH-NAAN

52 ZITRONEN-REIS

53 WÜRZ-KARTOFFELN

54 TANDOORI-BLUMENKOHL

55 KOKOS-KOHL

56 GURKEN-MINZE-RAITA

56 ROTE-BETE-RAITA

57 ZITRONEN-INGWER-PICKLES

57 TAMARINDEN-DATTEL-SAUCE

58 TOMATEN-DATTEL-CHUTNEY

59 MANGO-CHUTNEY

BLUMENKOHL-PARATHA

FÜR GÄSTE

Für 12 Stück • 50 Min. Zubereitung • 30 Min. Ruhen • Pro Stück ca. 135 kcal, 4 g E, 5 g F, 18 g KH

FÜR DEN TEIG

350 g Vollkorn-Weizenmehl
1 TL Zucker
½ TL Salz
1 EL zimmerwarmes Ghee (indisches Butterschmalz; ersatzweise Öl)

FÜR DIE FÜLLUNG

½ Blumenkohl (ca. 250 g Blumenkohlröschen)
1 grüne Chilischote
1 Stück Ingwer (ca. 1 cm lang)
5 Stängel Koriandergrün
½ TL Garam Masala
1 TL Chaat Masala (nach Belieben)
Salz

AUSSERDEM

Mehl zum Bestäuben
zimmerwarmes Ghee zum Bestreichen

1 Für den Teig das Vollkorn-Mehl mit Zucker und Salz in einer Rührschüssel vermischen. Das Ghee hinzufügen. 220 ml Wasser nach und nach zugeben und alle Zutaten zu einem geschmeidigen Teig verkneten (1). Den Teig mit einem feuchten Tuch abdecken und ca. 30 Min. bei Zimmertemperatur ruhen lassen.

2 Für die Füllung den Blumenkohl putzen, klein schneiden, waschen und abtropfen lassen. Im Blitzhacker auf Reiskörngröße zerkleinern (2). Chili längs halbieren, Stielansatz, weiße Trennwände und Kerne entfernen. Die Hälften waschen, fein würfeln. Ingwer schälen, fein reiben. Das Koriandergrün waschen, trocken schütteln und samt feinen Stängeln hacken. Vorbereitete Zutaten und Garam Masala unter den Blumenkohl mischen.

3 Den Teig in zwölf gleich große Stücke teilen und diese jeweils halbieren. Beide Hälften auf der leicht bemehlten Arbeitsfläche zu Kreisen (à ca. 7–8 cm ∅) ausrollen. Einen Kreis mit etwas Ghee bestreichen, 1 leicht gehäuften EL Blumenkohl-Mix in die Mitte geben, mit etwas Salz, Mehl und nach Wunsch mit Chaat Masala bestreuen (3). Den zweiten Teigkreis auflegen, die Ränder beider Kreise zusammendrücken und den Teigling vorsichtig zu einem Fladen (à ca. 12 cm ∅) ausrollen (4).

4 Paratha dünn mit Ghee bestreichen, mit der bestrichenen Seite nach unten in eine weite heiße Pfanne legen und 2–3 Min. backen. Nun die Oberseite dünn mit Ghee bestreichen, die Paratha wenden und weitere 2–3 Min. backen (5), dabei mit dem Pfannenwender nach unten drücken. Eventuell erneut wenden, bis das Brot von beiden Seiten goldbraun gebacken ist.

5 Paratha aus der Pfanne nehmen (6), in ein sauberes Geschirrtuch einschlagen und im Ofen bei 80° warm halten. Übrige Teigstücke und restliche Füllung in gleicher Weise zu elf weiteren Parathas verarbeiten. Noch warm servieren.

Für 12 Stück • 50 Min. Zubereitung • 30 Min. Ruhen • Pro Stück ca. 120 kcal, 4 g E, 3 g F, 20 g KH

VOLLKORN-CHAPATI

EINFACH

175 g Vollkorn-Weizenmehl
175 g Weizenmehl Type 1050
¾ TL Salz

AUSSERDEM
Mehl zum Arbeiten
2 EL zimmerwarmes Ghee (indisches Butterschmalz; ersatzweise Kokosöl)

1 Beide Mehlsorten und das Salz in einer Rührschüssel vermischen. Nach und nach 200 ml Wasser hinzufügen und alle Zutaten zu einem festen, formbaren Teig verkneten. Bei Bedarf noch esslöffelweise Wasser zugeben, bis die gewünschte Konsistenz erreicht ist. Den Teig abgedeckt unter einem feuchten Tuch ca. 30 Min. ruhen lassen.

2 Anschließend den Teig in zwölf gleich große Portionen teilen. Die Teigstücke auf der leicht bemehlten Arbeitsfläche zu Kugeln formen und jeweils zu 2–3 mm dicken Fladen (à ca. 15 cm ∅) ausrollen.

3 Die Fladen einzeln in einer heißen Pfanne ohne Fett pro Seite knapp 1 Min. backen. Dann abermals wenden, mit dem Pfannenwender auf den Fladen drücken, sodass er sich nicht aufbläht, und weitere 30–60 Sek. backen. Die Fladen jeweils herausnehmen, sofort von beiden Seiten dünn mit Ghee bestreichen und bis zum Servieren zwischen einem sauberen Geschirrtuch warm halten.

Für 8 Stück • 1 Std. Zubereitung • 1 Std. Gehen • Pro Stück ca. 250 kcal, 7 g E, 7 g F, 39 g KH

KNOBLAUCH-NAAN

KLASSIKER

FÜR DEN TEIG

400 g Weizenmehl Type 550
1 TL Trockenhefe
½ TL Zucker
1 TL Salz
120 ml Milch
2 EL Ghee (indisches Butterschmalz; ersatzweise Öl)
100 g zimmerwarmer Joghurt (3,5 % Fett)
5 Stängel Koriandergrün
2 Knoblauchzehen
1 EL Ghee

AUSSERDEM

Mehl zum Arbeiten

1 Mehl, Hefe, Zucker und Salz in einer Schüssel vermischen. Milch mit Ghee handwarm erwärmen. Mit dem Joghurt zum Mehl-Mix geben und alles in 5–10 Min. zu einem glatten Teig verkneten. Teig abgedeckt an einem warmen Ort ca. 1 Std. gehen lassen.

2 Für die Würzmischung das Koriandergrün waschen, trocken schütteln und samt feinen Stängeln hacken. Knoblauch schälen, hacken. Das Ghee in einem Topf schmelzen, den Knoblauch darin ca. 1 Min andünsten. Vom Herd nehmen. Den Koriander unterrühren.

3 Teig achteln und auf etwas Mehl zu Fladen von ca. 18 × 12 cm ausrollen. Fladen einzeln in einer heißen Pfanne ohne Fett ca. 3 Min. backen, bis Blasen entstehen. Fladen wenden, mit einem Pfannenwender nach unten drücken und weitere ca. 3 Min. backen. Danach herausnehmen, die Oberseite mit der Würzmischung bestreichen und die Brote in einem sauberen Geschirrtuch warm halten.

Für 4 Personen • 25 Min. Zubereitung • 20 Min. Einweichen • Pro Portion ca. 295 kcal, 7 g E, 6 g F, 51 g KH

ZITRONEN-REIS

RAFFINIERT

250 g Basmati-Reis
1 Stück Ingwer (ca. 4 cm lang)
1 Bio-Zitrone
1 TL gemahlene Kurkuma
Salz
2 EL Öl
1 TL Urad Dal (geschälte schwarze Linsen; nach Belieben)
1 TL schwarze Senfkörner
5 getrocknete Curryblätter
Korianderblättchen zum Garnieren

1 Den Reis mit kaltem Wasser abspülen und in einer Schüssel mit Wasser bedeckt ca. 20 Min. einweichen. Inzwischen den Ingwer schälen und fein reiben. Die Zitrone heiß waschen, abtrocknen und die Schale fein abreiben. Die Zitrone halbieren und den Saft auspressen.

2 Reis abgießen, in einen Topf geben und ca. 2 Min. andünsten. 500 ml Wasser angießen, mit Kurkuma und 1 TL Salz würzen und aufkochen. Den Reis bei mittlerer Hitze ca. 15 Min. garen, dann vom Herd nehmen und bei aufgelegtem Deckel ca. 5 Min. quellen lassen.

3 Das Öl in einem Topf erhitzen. Dal und Senfkörner darin 1 Min. anrösten. Ingwer und Curryblätter 1 weitere Min. mitdünsten. Würzmischung vom Herd nehmen, Zitronenschale und -saft unterrühren und alles unter den Reis mischen. Mit Koriander garniert servieren.

Für 4 Personen • 25 Min. Zubereitung • Pro Portion ca. 155 kcal, 3 g E, 8 g F, 18 g KH

WÜRZ-KARTOFFELN

GÜNSTIG

500 g vorwiegend festkochende Kartoffeln
Salz
1 mittelgroße rote Zwiebel
1 Stück Ingwer (ca. 4 cm lang)
1 grüne Chilischote
2 EL Ghee (indisches Butterschmalz; ersatzweise Öl)
1 EL Urad Dal (geschälte schwarze Linsen)
½ TL schwarze Senfkörner
½ TL Kreuzkümmel
¼ TL gemahlene Kurkuma
3 TL Zitronensaft
Korianderblättchen zum Garnieren

1 Kartoffeln schälen, waschen, in ca. 2,5 cm große Würfel schneiden und diese in kochendem Salzwasser ca. 10 Min. garen. Die Zwiebel schälen, halbieren und in feine Scheiben schneiden. Ingwer schälen. Chili halbieren, Stielansätze, weiße Trennwände und Kerne entfernen. Die Hälften waschen und mit dem Ingwer fein würfeln.

2 Das Ghee in einer Pfanne erhitzen. Dal, Senfkörner und Kreuzkümmel darin 2–3 Min. rösten. Chili- und Ingwerwürfel zugeben, weitere ca. 2 Min. braten. Zwiebel zugeben und alles mit Salz und Kurkuma würzen. Bei kleiner Hitze unter Wenden ca. 5 Min. dünsten.

3 Kartoffeln abgießen. Mit 75 ml Wasser zum Zwiebel-Mix geben und ca. 5 Min. braten, dabei leicht zerdrücken. Bei Bedarf noch etwas Wasser zugeben, bis die gewünschte Konsistenz erreicht ist. Mit Zitronensaft und Salz abschmecken. Mit Koriander garnieren.

Für 4 Personen • 40 Min. Zubereitung • Pro Portion ca. 145 kcal, 6 g E, 9 g F, 10 g KH

TANDOORI-BLUMENKOHL

EINFACH

1 kleiner Blumenkohl (ca. 500 g Blumenkohlröschen)
2 rote Zwiebeln
2 EL Kichererbsenmehl
3 EL Öl
1 EL Zitronensaft
1 EL Ingwer-Knoblauch-Paste (Fertigprodukt oder selbst gemacht)
1 TL Tandoori-Gewürzmischung
1 TL Garam Masala
¾ TL Salz
5 Stängel Koriandergrün

1 Backofen auf 225° vorheizen. Ein Backblech mit Backpapier auslegen. Blumenkohl in Röschen zerteilen, waschen und abtropfen lassen. Zwiebeln schälen, halbieren und in schmale Spalten schneiden.

2 Kichererbsenmehl in einer Pfanne unter Wenden ca. 5 Min. anrösten. Es sollte nicht dunkel werden! Sofort in eine Schüssel umfüllen. Das Öl, 1 EL Wasser, Zitronensaft, Paste, Tandoori-Gewürzmischung, Garam Masala und Salz hinzufügen und alles gut verrühren.

3 Blumenkohlröschen und Zwiebelspalten zugeben und alles sorgfältig mischen. Gemüsestücke auf dem Blech verteilen, sodass diese möglichst nicht übereinanderliegen. Im Ofen (Mitte) ca. 30 Min. backen. Das Koriandergrün waschen, trocken schütteln und samt feinen Stängeln hacken. Gemüse mit Koriander bestreuen.

Für 4 Personen • 25 Min. Zubereitung • Pro Portion ca. 185 kcal, 6 g E, 14 g F, 8 g KH

KOKOS-KOHL

SCHNELL

50 g Kokosraspel
1 kleiner Spitzkohl (ca. 800 g)
2 grüne Chilischoten
2 EL Öl
1 TL schwarze Senfkörner
1 EL Urad Dal (geschälte schwarze Linsen; nach Belieben)
Salz
Pfeffer

1 Die Kokosraspel in einer Schüssel mit 120 ml kochendem Wasser übergießen. Etwa 5 Min. ziehen lassen. Vom Spitzkohl die unschönen Außenblätter entfernen. Dann den Kohl waschen, halbieren, die Hälften vom Strunk befreien, in schmale Streifen schneiden.

2 Die Chilischoten von den Stielansätzen befreien, waschen und quer in schmale Ringe schneiden. Die eingeweichten Kokosraspel mit den Chiliringen und 240 ml Wasser im Blitzhacker pürieren.

3 Das Öl in einer Pfanne erhitzen. Senfkörner und Dal darin 1 Min. anrösten. Die Kohlstreifen hinzufügen und unter Wenden 3–4 Min. bei großer Hitze anbraten. Zuletzt die Kokosmasse zugeben, alles aufkochen und bei mittlerer Hitze 8–10 Min. schmoren, dabei öfter umrühren. Mit Salz und Pfeffer abschmecken.

Für 4 Personen • 10 Min. Zubereitung •
Pro Portion ca. 77 kcal, 3 g E, 5 g F, 4 g KH

GURKEN-MINZE-RAITA

KLASSIKER

1 kleine Bio-Salatgurke • 3 Zweige Minze • 1 TL Öl • ½ TL gemahlener Kreuzkümmel • 300 g Joghurt (3,5 % Fett) oder griech. Joghurt (10 % Fett) • Salz

1 Die Gurke waschen, nach Belieben schälen, längs halbieren und die Kerne mit einem Teelöffel herauskratzen. Das Fruchtfleisch klein würfeln. Minze waschen, trocken schütteln, die Blätter abzupfen und fein hacken.

2 Das Öl in einem kleinen Pfännchen erhitzen. Kreuzkümmel darin ca. 30 Sek. anrösten, dann vom Herd nehmen und abkühlen lassen.

3 Joghurt mit Gurkenwürfeln, gehackter Minze und Würzöl verrühren. Mit Salz abschmecken.

Für 4 Personen • 15 Min. Zubereitung •
Pro Portion ca. 80 kcal, 3 g E, 5 g F, 5 g KH

ROTE-BETE-RAITA

RAFFINIERT

1 kleine Rote Bete • 1 kleine rote Zwiebel • ½ Bund Dill • 1 TL Öl • ½ TL gemahlener Kreuzkümmel • 300 g Joghurt (3,5 % Fett) oder griech. Joghurt (10 % Fett) • Salz • Pfeffer

1 Rote Bete schälen (dabei am besten Handschuhe tragen, da der Saft stark färbt) und fein raspeln. Die Zwiebel schälen und sehr fein würfeln. Dill waschen, trocken schütteln, die Spitzen von den Stängeln zupfen und fein schneiden.

2 Das Öl in einem kleinen Pfännchen erhitzen. Zwiebelwürfel darin ca. 5 Min. andünsten. Kurz vor Ende Kreuzkümmel zugeben und mitrösten. Das Würzöl etwas abkühlen lassen.

3 Den Joghurt mit der Zwiebelmischung, den Rote-Bete-Raspeln und dem Dill verrühren. Mit Salz und etwas Pfeffer würzig abschmecken.

Für1 Glas (ca. 350 g) • 15 Min. Zubereitung • 10 Tage Ziehen • Pro Portion ca. 60 kcal, 2 g E, 1 g F, 7 g KH

ZITRONEN-INGWER-PICKLES

EINFACH

4 Bio-Zitronen • 200 g Ingwer • 5 TL Salz • ½ TL gemahlene Kurkuma • ¼ TL Chilipulver

1 Die Zitronen heiß waschen und gut abtrocknen. Jede Zitrone längs vierteln und jedes Viertel dritteln, sodass zwölf in etwa gleich große Stücke entstehen. Diese in eine Schüssel geben.

2 Den Ingwer schälen und in kleine Stücke schneiden. Mit Salz, Kurkuma und Chilipulver zu den Zitronen geben und alles gut vermischen.

3 Die Mischung in ein sterilisiertes Schraubglas füllen, dabei gut nach unten drücken. Das Glas verschließen und die Pickles mindestens 10 Tage durchziehen lassen. Dabei das Glas täglich umdrehen, sodass sich die Zutaten gut mischen. Nach dem Öffnen gekühlt aufbewahren.

Für 4 Personen • 25 Min. Zubereitung • Pro Portion ca. 70 kcal, 1 g E, 0 g F, 16 g KH

TAMARINDEN-DATTEL-SAUCE

SÜSSSAURES TOPPING

80 g Tamarindenmark • 100 g saftige Datteln (z. B. Medjool) • ¼ TL Ingwerpulver • ¼ TL gemahlener Kreuzkümmel • ¼ TL Garam Masala • Salz

1 Das Tamarindenmark in kleine Stücke zupfen. Die Datteln entsteinen und klein würfeln. Beides mit 250 ml Wasser in einen Topf geben, aufkochen und ca. 10 Min. bei kleiner Hitze köcheln lassen. Dabei öfter umrühren.

2 Topfinhalt durch ein feines Sieb in eine Schüssel abgießen. Dabei mit einem Löffel möglichst viel der dickflüssigen Masse durch das Sieb streichen. Ingwerpulver, gemahlenen Kreuzkümmel und Garam Masala hinzufügen und unterrühren.

3 Die Sauce mit Salz abschmecken und nach Bedarf noch mit etwas Wasser verdünnen, sie sollte leicht dickflüssig, aber nicht zu fest sein.

Für1 Glas (ca. 600 g) • 30 Min. Zubereitung • Pro Portion ca. 46 kcal, 1 g E, 3 g F, 5 g KH

TOMATEN-DATTEL-CHUTNEY

KLASSIKER

400 g Tomaten
75 g saftige Datteln (z. B. Medjool)
1 Zwiebel
3 Knoblauchzehen
1 Stück Ingwer (ca. 2 cm lang)
1 grüne Chilischote
3 EL Öl
1 TL Panch Phoron (indische 5-Gewürze-Mischung)
½ TL Chilipulver
1 TL brauner Zucker
25 ml Apfelessig
Salz
Limettensaft (nach Belieben)

1 Tomaten waschen und vierteln, dabei die Stielansätze entfernen. Die Datteln entsteinen, Zwiebel und Knoblauch schälen. Alle Zutaten fein würfeln. Den Ingwer schälen. Die Chili vom Stielansatz befreien, waschen und nach Belieben entkernen. Ingwer und Chili fein hacken.

2 Das Öl in einem Topf erhitzen. Panch Phoron darin 2–3 Min. anrösten, bis die Gewürze beginnen zu duften. Alle vorbereiteten Zutaten, Chilipulver, Zucker, 100 ml Wasser und Apfelessig zugeben, aufkochen und offen bei mittlerer Hitze in ca. 20 Min. zu einer dickflüssigen Masse einkochen. Dabei regelmäßig umrühren.

3 Das Chutney mit Salz und nach Belieben mit Limettensaft oder Zucker süßsauer abschmecken. Sofort in ein sauberes Schraubglas füllen und dieses fest verschließen. Nach dem Abkühlen in den Kühlschrank stellen, dort ist das Chutney ca. 1 Woche haltbar.

Für 1 Glas (ca. 600 g) • 45 Min. Zubereitung • 1 Tag Ziehen • Pro Portion ca. 100 kcal, 0 g E, 1 g F, 22 g KH

MANGO-CHUTNEY

PIKANT

2 kleine, noch feste Mangos (ca. 500 g Fruchtfleisch)
3 rote Chilischoten
1 Stück Ingwer (ca. 1 cm lang)
3 grüne Kardamomkapseln
1 EL Öl
¼ TL schwarze Senfkörner
¼ TL Bockshornkleesamen
Salz
200 g brauner Zucker
150 ml milder Essig (z. B. Weißweinessig)

1 Die Mangos schälen, das Fruchtfleisch vom Stein schneiden und klein würfeln. Die Chilischoten waschen, vom Stielansatz befreien und nach Belieben entkernen. Die Chilis klein würfeln. Den Ingwer schälen, fein hacken. Kardamomkapseln im Mörser anquetschen.

2 Das Öl in einem Topf erhitzen. Senfkörner, Bockshornkleesamen und Kardamom darin anrösten, bis die Samen anfangen zu knistern. Mangowürfel, 1 TL Salz, braunen Zucker und Essig hinzufügen, alles aufkochen und bei mittlerer Hitze 25–30 Min. offen köcheln lassen, bis die Fruchtstücke anfangen zu zerfallen.

3 Chutney mit Salz abschmecken und in ein sauberes Schraubglas füllen. Dieses fest verschließen und nach dem Abkühlen in den Kühlschrank stellen. Das Chutney vor dem Verzehr mindestens 1 Tag durchziehen lassen. Gekühlt aufbewahrt ist es ca. 1 Monat haltbar.

REGISTER

Vegane Rezepte, im Buch mit einem 🌿 gekennzeichnet, sind hier grün abgesetzt.

B

Blumenkohl
- Blumenkohl-Paratha 48
- Gemüse-Biryani 45
- Gemüse in Linsensauce 31
- Gemüse-Korma 28
- Gemüse-Pakora 10
- Grünes Gemüse-Curry 36
- Kartoffel-Blumenkohl-Curry 29
- Tandoori-Blumenkohl 54

Butterlinsen-Dal 40

Bohnen
- Gemüse-Biryani 45
- Gemüse-Korma 28
- Rote-Linsen-Dal 39

Brokkoli
- Gemüse in Linsensauce 31
- Grünes Gemüse-Curry 36

C

Chilischote
- Blumenkohl-Paratha 48
- Gemüse in Linsensauce 31
- Grünes Gemüse-Curry 36
- Gurken-Tomaten-Salat 22
- Kichererbsen-Dal 38
- Kichererbsen-Salat 21
- Kokos-Kohl 55
- Linsen-Fritters 8
- Mango-Chutney 59
- Pikanter Grießbrei 16
- Rote-Linsen-Dal 39
- Spinat-Tikkas 11
- Tomaten-Dattel-Chutney 58
- Toovar-Dal 41
- Veggie-Bällchen 26
- Würz-Kartoffeln 53
- Würz-Reis 17

D/E

Dattel
- Tamarinden-Dattel-Sauce 57
- Tomaten-Dattel-Chutney 58

Eier-Curry 33

Erbsen
- Gemüse in Linsensauce 31
- Gemüse-Korma 28
- Grünes Gemüse-Curry 36
- Samosas mit Kartoffelfüllung 12
- Würz-Reis 17

G

Gebratener Paneer 14
Gemüse-Biryani 45
Gemüse in Linsensauce 31
Gemüse-Korma 28
Gemüse-Pakora 10
Grünes Gemüse-Curry 36

Gurke
- Gurken-Minze-Raita 56
- Gurken-Tomaten-Salat 22
- Kichererbsen-Salat 21

I

Indische Linsenpfannkuchen 42

Ingwer
- Blumenkohl-Paratha 48
- Butterlinsen-Dal 40
- Eier-Curry 33
- Gemüse-Korma 28
- Indische Linsenpfannkuchen 42
- Kartoffel-Blumenkohl-Curry 29
- Kichererbsen-Curry 32
- Kichererbsen-Dal 38
- Linsen-Fritters 8
- Mango-Chutney 59
- Palak Paneer 34
- Paneer Tikka Masala 35
- Pikanter Grießbrei 16
- Tandoori-Blumenkohl 54
- Tomaten-Dattel-Chutney 58
- Würz-Kartoffeln 53
- Zitronen-Ingwer-Pickles 57
- Zitronen-Reis 52

J

Joghurt
- Gemüse-Biryani 45
- Gemüse-Korma 28
- Gurken-Minze-Raita 56
- Joghurtsuppe 19
- Knoblauch-Naan 51
- Mango-Lassi 5
- Paneer Tikka Masala 35
- Rote-Bete-Raita 56

K

Kartoffel
- Gemüse-Biryani 45
- Kartoffel-Blumenkohl-Curry 29
- Kichererbsen-Salat 21
- Samosas mit Kartoffelfüllung 12
- Spinat-Tikkas 11

Veggie-Bällchen 26
Würz-Kartoffeln 53
Kichererbsen
Kichererbsen-Curry 32
Kichererbsen-Dal 38
Kichererbsen-Salat 21
Knoblauch-Naan 51
Kokos-Kohl 55
Kokosmilch
Grünes Gemüse-Curry 36
Veggie-Bällchen 26
Kürbis
Gemüse-Biryani 45
Gemüse in Linsensauce 31
Grünes Gemüse-Curry 36

L

Linsen
Butterlinsen-Dal 40
Gemüse in Linsensauce 31
Kokos-Kohl 55
Linsen-Fritters 8
Rote-Linsen-Dal 39
Tomatensuppe 18
Toovar-Dal 41
Würz-Kartoffeln 53
Zitronen-Reis 52

M

Mango
Mango-Chutney 59
Mango-Lassi 5
Möhren
Gemüse-Biryani 45
Gemüse in Linsensauce 31
Gemüse-Korma 28
Grünes Gemüse-Curry 36
Möhren-Salat 23
Mungbohnen: Indische Linsenpfannkuchen 42

P

Paneer
Gebratener Paneer 14
Palak Paneer 34
Paneer Tikka Masala 35
Paprika
Gemüse-Biryani 45
Gemüse-Korma 28
Grünes Gemüse-Curry 36
Pikanter Grießbrei 16

R/S

Reis
Gemüse-Biryani 45
Indische Linsenpfannkuchen 42
Würz-Reis 17
Zitronen-Reis 52
Rote-Bete-Raita 56
Rote-Linsen-Dal 39
Rosinen: Gemüse-Korma 28
Samosas mit Kartoffelfüllung 12
Spinat
Palak Paneer 34
Pikanter Grießbrei 16
Spinat-Tikkas 11
Spitzkohl: Kokos-Kohl 55

T

Tamarindenmark
Gemüse in Linsensauce 31
Tamarinden-Dattel-Sauce 57
Tomatensuppe 18
Tandoori-Blumenkohl 54
Tomaten
Eier-Curry 33
Gemüse in Linsensauce 31
Gurken-Tomaten-Salat 22
Kartoffel-Blumenkohl-Curry 29
Kichererbsen-Curry 32
Kichererbsen-Dal 38
Palak Paneer 34
Paneer Tikka Masala 35
Pikanter Grießbrei 16
Tomaten-Dattel-Chutney 58
Tomatensuppe 18
Toovar-Dal 41

V/W

Veggie-Bällchen 26
Vollkorn-Chapati 50
Würz-Kartoffeln 53
Würz-Reis 17

Z

Zitrone
Gebratener Paneer 14
Zitronen-Ingwer-Pickles 57
Zitronen-Reis 52

Abkürzungsverzeichnis:
E = Eiweiß
EL = Esslöffel (gestrichen)
F = Fett
kcal = Kilokalorien
KH = Kohlenhydrate
Msp. = Messerspitze
Pck. = Päckchen
TK = Tiefkühl
TL = Teelöffel (gestrichen)
Ø = Durchmesser

GU ist eine eingetragene Marke der GRÄFE UND UNZER VERLAG GmbH, www.gu.de
www.gu.de/kontakt | hallo@gu.de

ISBN 978-3-8338-7814-5
5. Auflage 2026

Projektleitung: Linh Nguyen
Lektorat: Dr. Stefanie Gronau
Korrektorat: Jutta Friedrich
Innen- und Umschlaggestaltung: independent Medien-Design, Horst Moser, München
Herstellung: Renate Hutt
Satz: Klösel, Krugzell
Reproduktion: Medienprinzen GmbH, München
Druck und Bindung: Firmengruppe APPL, aprinta Druck, Wemding

Printed in Germany

Umwelthinweis:
Dieses Buch ist auf PEFC-zertifiziertem Papier aus nachhaltiger Waldwirtschaft gedruckt.

Syndication:
www.imageprofessionals.com

DIE AUTORIN

Inga Pfannebecker ist Oecotrophologin und Autorin vieler erfolgreicher Kochbücher. Sie liebt die indische Küche, besonders deren vegetarischen Gerichte. In diesem Buch präsentiert sie die authentischen Rezepte, die man im Alltag einfach nachkochen kann.
www.ingapfannebecker.com

DIE FOTOGRAFIN

Katrin Winner fand ihre berufliche Erfüllung, indem sie ihre Leidenschaft für gutes Essen mit ihrer künstlerischen Kreativität verband. Seit 2018 betreibt sie ihr eigenes Atelier für Food- und Still-Life-Fotografie in München. An diesem Buch wird sie tatkräftigt von Gerlinde Hans (Foodstyling) unterstützt.
www.katrinwinner.de

BILDNACHWEIS

Katrin Winner: S. 6–59, Die perfekte Kombi & Stepfotos auf den Klappen
Auen60 (Julia Schärdel & Ines Häberlein): S. 1, 5 und Stillleben auf den Klappen
Kathrin Koschitzki: Coverfoto
Eef Ouwehand: Autorenfoto

QUALITÄTS G|U GARANTIE

LIEBE LESERINNEN UND LESER,

wir wollen Ihnen mit diesem Buch Informationen und Anregungen geben, um Ihnen das Leben zu erleichtern oder Sie zu inspirieren, Neues auszuprobieren. Wir achten bei der Erstellung unserer Bücher auf Aktualität und stellen höchste Ansprüche an Inhalt und Gestaltung. Alle Anleitungen und Rezepte werden von unseren Autoren, jeweils Experten auf ihren Gebieten, gewissenhaft erstellt und von unseren Redakteur*innen mit größter Sorgfalt ausgewählt und geprüft.

Haben wir Ihre Erwartungen erfüllt? Sind Sie mit diesem Buch und seinen Inhalten zufrieden? Wir freuen uns auf Ihre Rückmeldung. Und wir freuen uns, wenn Sie diesen Titel weiterempfehlen, in Ihrem Freundeskreis oder bei Ihrem Online-Kauf.

Sollten wir Ihre Erwartungen so gar nicht erfüllt haben, tauschen wir Ihnen Ihr Buch jederzeit gegen ein gleichwertiges zum gleichen oder ähnlichen Thema um.

KONTAKT ZUM LESERSERVICE

GRÄFE UND UNZER VERLAG
Grillparzerstraße 8
81675 München
www.gu.de

DIE »GU KOCHEN PLUS«-APP

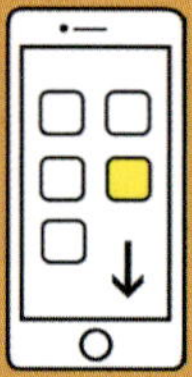

1 APP HERUNTERLADEN

Laden Sie die kostenlose »GU Kochen Plus«-App im Apple App Store oder im Google Play Store auf Ihr Smartphone. Starten Sie die App und wählen Sie Ihren Küchenratgeber aus.

2 REZEPTBILD SCANNEN

Scannen Sie das gewünschte Rezeptbild mit der Kamera Ihres Smartphones. Klicken Sie im Display die Funktion Ihrer Wahl.

3 FUNKTIONEN NUTZEN

Sammeln Sie Ihre Lieblingsrezepte. Speichern und verschicken Sie Ihre Einkaufslisten. Oder nutzen Sie den praktischen Supermarkt-Finder und den Rezept-Planer.